A LA MÉMOIRE

DE

JACQUES-FRÉDÉRIC

KESSLER-GROSJEAN

MANUFACTURIER

Ancien Maire de Soultzmatt,
Conseiller municipal de Belfort, Juge au Tribunal de Commerce,
Administrateur de la succursale de la Banque de France,
Membre du Conseil de perfectionnement
du Lycée de Belfort

Né le 2 Juin 1829 à Sainte-Marie-aux-Mines,
Décédé le 3 Octobre 1880 à Belfort

Conserver la couverture

PARIS
IMPRIMERIE CENTRALE DES CHEMINS DE FER
A. CHAIX ET Cie
Rue Bergère, 20, près du boulevard Montmartre.
1880

A LA MÉMOIRE

DE

JACQUES-FRÉDÉRIC
KESSLER-GROSJEAN

MANUFACTURIER

Ancien Maire de Soultzmatt,
Conseiller municipal de Belfort, Juge au Tribunal de Commerce,
Administrateur de la succursale de la Banque de France,
Membre du Conseil de perfectionnement
du Lycée de Belfort

Né le 2 Juin 1829 à Sainte-Marie-aux-Mines,
Décédé le 3 Octobre 1880 à Belfort

PARIS
IMPRIMERIE CENTRALE DES CHEMINS DE FER
A. CHAIX ET CIE
Rue Bergère, 20, près du boulevard Montmartre.
1880

SOUVENIR

De sa Famille à ses Amis

Discours de M. BRETEGNIER, pasteur à Belfort, prononcé sur la tombe de M. Frédéric Kessler, le 5 octobre 1880.

Mes Frères,

Avant de laisser fermer cette tombe, je désire vous présenter une pensée grave et réconfortante, laissant à d'autres personnes, plus autorisées que moi, le soin de vous parler du caractère et des qualités de celui à qui nous rendons les derniers devoirs.

Un homme poursuit ici-bas un but légitime : je parle d'un homme qui apporte à la réalisation de ce but tout ce qu'il a d'intelligence, de conscience, de cœur et d'énergie. Il est arrêté dans sa carrière par une puissance supérieure : la mort vient le saisir. Tout est-il dit? Non, certainement. Ce qu'il y a de terrestre dans son œuvre est laissé à d'autres, mais l'être moral a mis sa part d'activité dans cette œuvre. J'ai dit qu'il y apportait sa conscience, son cœur ; c'est dire qu'il poursuivait quelque chose de plus que le résultat purement matériel et contingent ; il recherchait la justice, la vérité, le bien dans leur essence. Eh bien, il continue son œuvre à ce point de vue, son activité s'exerce et se poursuit dans d'autres sphères. Affamé de justice, de vérité, de bien, il en est rassasié. Car nous ne saurions assimiler l'homme, personne morale et responsable, au bœuf qui au bout du sillon tracé péniblement et instinctivement, tombe ne laissant de lui qu'un peu de poussière.

Je m'adresse maintenant plus particulièrement à celui qui est chargé de continuer l'œuvre interrompue. Je le vois plongé dans la douleur et les larmes et, certes, le coup est rude, la perte est immense, incalculable, je dirais presque, irréparable; et tous nous partageons sa douleur et mêlons nos larmes aux siennes par suite de cette sympathie, de cette solidarité, privilège et apanage de l'humanité, qui fait que, quand un membre souffre, tous en ressentent le contre-coup.

Qu'il accepte courageusement et virilement le rôle de chef de famille qui lui incombe; qu'il entoure de ses soins, de son respect, d'une affection redoublée sa mère éplorée et saisie d'une poignante douleur, qui perd son plus utile, son plus précieux appui; qu'il soit le tuteur empressé et le guide de frères plus jeunes; et qu'il apporte à son tour, dans la voie qui lui a été si largement tracée, cette intelligence, cette conscience, ce cœur et cette énergie qui ennoblissent nos travaux, même les plus vulgaires; qu'il y poursuive cette justice, cet amour du bien que nous devons tous rechercher, jusqu'à ce qu'à son tour laissant ce qui est terrestre et transitoire, il recueille dans le monde des esprits ce qui doit être l'objet de l'affection de l'esprit. Que Dieu leur soit en aide à tous.

Discours de M. PARISOT, maire de Belfort (1)

Messieurs,

Il était réservé au Conseil municipal, à la fin de son mandat, la douleur de perdre l'un de ses membres les plus dévoués. M. Kessler, que la mort nous ravit, avait su par son caractère franc et loyal s'imposer à l'estime de tous ses collègues et conquérir l'affection de la plupart d'entre nous. Il quitte cette terre dans la force de l'âge et à l'heure où tout souriait à son existence.

Père de famille modèle, adoré de tous les siens, il se voyait déjà revivre dans ses petits enfants : les larmes de ses fils vous disent assez leur amour, leur douleur.

Industriel d'un rare mérite, il a vu, même pendant les plus grandes crises, ses établissements prospérer sous son habile direction, et sa fortune s'agrandir sans sacrifier les intérêts et le bien-être de ses collaborateurs. Ses ouvriers qui ont tenu à l'accompagner jusqu'au bord de cette tombe sont là pour en témoigner.

Administrateur plein de dévouement, il a géré, comme maire, pendant de longues années, les affaires

(1) M. le Maire de Belfort a adressé le dernier adieu au nom du Conseil municipal et du Tribunal de commerce.

de la commune de Soultzmatt, où il a su se faire pardonner par les chefs de l'administration supérieure l'indépendance de son caractère et ses idées libérales, en faveur des services exceptionnels qu'il rendait à sa commune.

Nous ne devons donc pas nous étonner de l'accueil empressé qui lui a été fait dans notre ville, lorsqu'après les événements de 1870-1871, forcé d'abandonner ses foyers, il vint chercher un refuge dans nos murs avec cette nombreuse colonie de travailleurs que l'annexion de l'Alsace obligeait à l'émigration et qui, en échange de l'hospitalité qu'ils venaient nous demander, nous apportaient la prospérité, en faisant de notre cité de 6,000 habitants, une ville trois fois plus importante.

Dès 1874, le suffrage universel voulant reconnaître son mérite, l'envoya siéger au Conseil municipal où son expérience des affaires avait marqué sa place. L'administration départementale, heureuse de pouvoir utiliser ses connaissances et son dévouement à la cause de l'instruction primaire, le plaçait dans la délégation cantonale. Le collège des négociants le désignait pour occuper l'un des sièges du tribunal de commerce où chacun a pu apprécier son jugement lucide et droit.

Laissez-moi donc, Messieurs, faire au bord de cette tombe l'éloge de celui que nous perdons, et rendre hommage à ses brillantes qualités, il n'avait qu'un défaut, celui de juger les autres d'après lui-même et il se trompait quelquefois. Mais malgré les déceptions qu'il rencontrait sur sa route, il n'en a pas moins continué à faire son devoir de citoyen et de patriote.

L'affluence qui entoure son cercueil témoigne hautement que les sentiments que j'exprime sont largement partagés.

Laissez-moi, au nom du Conseil municipal, au nom de la délégation cantonale, au nom du tribunal de commerce, dire un dernier, un suprême adieu à celui dont nous déplorons la perte, et affirmer le souvenir de reconnaissance que nous conservons à sa mémoire.

Puissent, Messieurs, les sentiments que je viens d'exprimer, au nom de tous, apporter une légère consolation à l'immense douleur de toute sa famille.

Discours de M. ZEHLER, notaire à Montbéliard, au nom de l'émigration alsacienne.

Avant que cette tombe se ferme, je viens, au nom de l'émigration alsacienne, dire un dernier adieu au patriote alsacien, au patriote français, l'un des plus vaillants et des plus dignes de ceux qui, dans ses plus mauvais jours, firent à la Patrie française le sacrifice de tout ce qui leur était cher sur le sol natal.

Je pourrais, Messieurs, vous parler de l'homme, de l'industriel émérite, du citoyen de cette République qui fut celle du grand homme d'État auquel ses cendres doivent de reposer ici, en terre française, je pourrais rappeler ses titres à la considération de ses concitoyens et, si je n'étais retenu dans les limites d'un secret pour ainsi dire professionnel, dire combien il était généreux. M. le maire de Belfort vient de le faire en termes plus éloquents que je ne saurais le dire.

Mais je ne viens ici que déplorer la mort prématurée d'un de nos frères d'Alsace, oui, l'un des plus dignes et des plus vaillants; faire revivre un instant encore sur sa tombe l'idée de Patrie qu'il possédait si bien; rappeler qu'après cette guerre à jamais maudite, alors que l'Alsace dût être livrée au vainqueur comme rançon de la France vaincue, il fut de ceux et des premiers qui pensèrent que si, dans l'ivresse de la victoire, il est donné aux puissants d'un jour de fouler le sol abandonné et sans défense, il n'est pas dans leur pouvoir d'asservir les âmes et de leur arracher du cœur l'amour de la Patrie.

Ce n'est pas qu'à certains moments, il ne se soit pas senti mordu au cœur du regret de n'être plus là-bas, au milieu des frères d'Alsace, pour les soutenir de sa force et de son énergie, veiller avec eux à la garde de nos traditions et de ces sentiments que ni les hasards de la victoire, ni les prétendus droits historiques n'altéreront jamais.

Kessler était de ceux qui pensent que les peuples n'appartiennent qu'à Dieu et à eux-mêmes et que si la terre alsacienne appartient à quelqu'un dans ce bas monde, elle appartient aux Alsaciens qui la possèdent. Il avait compris que, quelque digne de respect que soit le sort de ceux qui souffrent d'être livrés à la domination étrangère, il fallait qu'à côté de la vivante protestation de leurs plaintes et de leur douleur, il s'élevât devant l'histoire, à la face de l'Europe et du monde civilisé, une autre protestation plus énergique encore, contre le droit barbare de la conquête, dont le peuple d'Alsace est l'innocente victime.

Bien des années se sont écoulées depuis. Combien s'en écoulera-t-il encore?

Hélas! Frédéric Kessler n'entrera pas avec nous dans la terre promise; il n'entendra pas sonner l'heure de la justice, de cette justice immanente qu'une voix généreuse et amie proclamait naguère, donnant ainsi au milieu d'une fête nationale, à des frères absents, une touchante parole de souvenir et de regret, au moment même où d'autres qui essaient de lutter contre l'iniquité de la force, évoquaient, eux aussi, des souvenirs et des espérances qu'aucune puissance humaine n'étouffera dans les cœurs alsaciens.

Ces souvenirs et ces espérances, nous en déposons l'expression sur cette tombe, comme le plus pieux hommage que nous puissions rendre à la mémoire de celui qui les portait si profondément gravés dans son cœur et qui sera l'un de ceux dont nous nous souviendrons avec le plus de respect et de regret, lorsque nous compterons nos morts!

Adieu Kessler, au nom de l'Alsace dont tu fus un des plus nobles enfants, adieu!

Extrait du LIBÉRAL DE L'EST,
journal de Belfort du jeudi 7 octobre 1880.

M. KESSLER-GROSJEAN.

Un immense concours de population a accompagné, mardi, à sa dernière demeure, la dépouille mortelle de M. F. Kessler-Grosjean, enlevé, dans la force de l'âge, à l'affection de sa famille.

Il n'avait que 51 ans.

L'attitude recueillie et respectueuse de tous les assistants disait assez les regrets que laisse l'homme de bien que notre ville vient de perdre et que nous n'oublierons jamais.

Né dans le Haut-Rhin, M. Kessler-Grosjean avait été de bonne heure le chef d'un établissement industriel auquel il a donné, à force d'intelligence et de travail, une très grande importance.

Il était depuis plusieurs années maire de Soultzmatt, quand éclata la guerre de 1870. Il fit son devoir en bon citoyen et en bon Français, et sa commune n'oubliera certainement pas son maire de la défense nationale.

Décidé à conserver pour lui-même et pour ses enfants la nationalité française, M. Kessler-Grosjean n'hésita pas, en 1871, à quitter ses propriétés, ses établissements, le coin de terre où il était né, où il avait passé quarante années de sa vie, aimé et honoré, où il avait pour ainsi dire élevé lui-même une génération d'ouvriers fidèles et honnêtes, et où il avait créé une prospérité inconnue avant lui. C'est à cette époque qu'il vint se fixer à Belfort en transportant à la fois son foyer et son industrie.

On ne sait peut-être pas assez qu'il fut le premier, entre tous les manufacturiers du Haut-Rhin, à transporter réellement son industrie dans les nouvelles limites que venait de nous imposer le traité de Francfort. Il y avait là une initiative hardie dont il est juste de faire honneur à celui qui l'a prise.

La ville de Belfort fit à M. Kessler-Grosjean l'accueil qu'il méritait, en le nommant conseiller municipal;

Les électeurs consulaires l'avaient envoyé siéger au Tribunal de Commerce; la Banque de France lui avait demandé de faire partie du Conseil d'administration de la succursale;

L'État enfin, avait fait appel à son concours en le désignant comme membre du Conseil de perfectionnement du Lycée.

Au Conseil municipal, au Tribunal, à la Banque, au Lycée, M. Kessler-Grosjean a été ce qu'il était dans sa vie de tous les jours et dans sa vie commerciale, un homme de bien. Dévoué à la chose publique, ne marchandant jamais ni son temps ni sa peine, ardent pour tout ce qui lui paraissait juste, il apportait partout où il le fallait le concours de son expérience et de sa grande habileté.

On nous permettra d'ajouter que M. Kessler-Grosjean appartenait au parti républicain, qu'il en était un des plus fermes appuis dans le Territoire, et qu'il prit une part des plus importantes à la campagne entreprise, en 1877, contre le gouvernement du 16 Mai.

Il avait demandé à être enterré à Belfort.

Rien ne consolera sa famille d'une aussi grande perte; il nous semble cependant qu'elle trouvera dans l'hommage public qui a été rendu à son chef un soulagement à sa douleur; et cet hommage chacun a tenu à s'y associer, le Conseil municipal en corps, le Tribunal de Commerce, M. l'Administrateur et les Conseillers de Préfecture, le Tribunal civil, M. le Procureur de la République, son Substitut, l'Armée, les fonctionnaires civils, le Lycée, la population, la Société philharmonique, la *Lyre belfortaine*, qui a exécuté plusieurs airs funèbres, sur le parcours du cortège, de nombreux amis d'Alsace, du Territoire et des départements voisins, et de Paris.

Au temple protestant, M. le pasteur Abt a fait un chaleureux éloge du défunt et la Société philharmonique a exécuté avec beaucoup d'âme la marche funèbre de Chopin.

Le cercueil était couvert de fleurs. Les employés et les ouvriers de la maison le précédaient en portant deux belles couronnes. Une troisième couronne, hommage de la Société philharmonique, était portée par deux jeunes membres de la Société.

Au cimetière, M. le pasteur Bretegnier a, d'une voix émue, adressé quelques paroles de consolation à la famille éplorée.

Extrait du journal LE TEMPS.

Paris, 9 octobre 1880.

On annonce la mort à Belfort de M. Kessler-Grosjean, maire de Soultzmatt en 1871. M. Kessler-Grosjean n'avait pas hésité après la guerre à transporter son foyer et son industrie sur la terre française ; le premier entre tous les manufacturiers du Haut-Rhin, il vint s'établir à Belfort, qui lui fit l'accueil qu'il méritait en le nommant conseiller municipal.

Il devint bientôt juge au Tribunal de Commerce et membre du conseil d'administration de la succursale de la Banque de France. Républicain convaincu et patriote éprouvé, il remplit ces différentes tâches avec un égal dévouement.

Le maire de Belfort a exprimé sur sa tombe, en quelques paroles émues, les regrets que faisait éprouver à ses concitoyens la perte de cet homme de bien.

Extrait de L'EXPRESS, *journal de Mulhouse du jeudi 7 octobre 1880.*

Belfort, 30 octobre. — On nous écrit :

Nous venons de déposer en terre française la dépouille mortelle du chef d'une maison industrielle de la Haute-Alsace, M. Jacques-Frédéric Kessler, ancien maire de Soultzmatt, qui, après avoir opté pour la nationalité française, était venu se fixer à Belfort et fonder dans un village voisin une filature et un tissage devenus son principal établissement.

Il y a quelques mois, M. Kessler était encore « l'image de la santé, de la force et de l'activité ». Atteint presque subitement d'un mal qui ne pardonne pas, M. Kessler savait, dès les premiers moments, que sa fin serait prochaine. Il prit les dispositions nécessaires pour resserrer encore les liens qui unissent les divers membres de sa famille et attendit, avec une grande sérénité d'âme et d'esprit, le moment suprême. Il s'est éteint le 3 octobre 1880, à trois heures du matin, à l'âge de 51 ans.

M. Kessler était membre du Conseil municipal de Belfort, juge au Tribunal de commerce et président de la société philharmonique. Tous ses collègues, dans ces différents corps, ont tenu à honneur d'assister aux funérailles. Toute l'industrie du rayon, ainsi que celle d'Alsace, y était également représentée, suivie d'ailleurs d'un grand nombre d'habitants de Belfort, dont M. Kessler était devenu le concitoyen; notre sympathique compatriote a voulu consacrer cette qualité en se faisant enterrer au cimetière de Brasse.

L'émigration alsacienne perd en M. Kessler un de ses membres les plus considérés.

Après quelques paroles émues prononcées sur la tombe par M. le maire de Belfort, au nom de ses collègues duConseil municipal et du Tribunal de commerce, un émigré a dit à son tour un dernier adieu au regretté défunt, au nom de l'émigration. Puissent les sentiments que les orateurs ont exprimés, et que M. Kessler méritait à tous égards, consoler la famille de la cruelle perte qu'elle vient de faire.

IMPRIMERIE CENTRALE DES CHEMINS DE FER. — A. CHAIX ET Cie,
RUE BERGÈRE, 20, A PARIS. — 21278-0.

IMPRIMERIE CENTRALE DES CHEMINS DE FER. — A. CHAIX ET Cie,
RUE BERGÈRE, 20, A PARIS. — 21280-0.

www.ingramcontent.com/pod-product-compliance
Ingram Content Group UK Ltd.
Pitfield, Milton Keynes, MK11 3LW, UK
UKHW021159230726
13926UKWH00001B/201

9 782014 459265